介護のしごとが楽しくなるこころシリーズ 6

自立に向けた
護

適切な言葉かけと
福祉用具の活用で
利用者と介護職に
やさしい介護を実践

監修
柴田範子
元東洋大学ライフデザイン学部 准教授
特定非営利活動法人 楽 理事長

日本医療企画

はじめに

介護職になったばかりの新人にとって、日々の業務は初めて経験することばかりです。

どうすればいい？　どうして？　などの疑問があっても、先輩や上司に、何をどう聞けばよいのか迷うことも多いでしょう。

そんなとき、新人介護職員の皆さんにさまざまなヒントを与えてくれるのが「介護のしごとが楽しくなるこころシリーズ」です。

本シリーズでは、介護職員が自信をもって笑顔になる、利用者が喜び元気になるサービスを、《介護のこころ》とともに学ぶことができます。

シリーズ第６巻は、『自立に向けた いきいき身体介護』です。

介護は、からだへの負担が大きい行為です。

ただ力任せに続けていると腰痛など多くの身体的トラブルを抱える危険性があり、このような状態になると、介護職員が業務を続けられなくなるだけでなく、利用者の安全が確保できなくなります。さらには、利用者が今までの環境で生活できなくなることもあります。

介護の負担を軽減するためには、利用者の残存能力を生かした自立に向けた介護が必要です。本書では、動作ごとの適切な言葉かけと利用者にとって負担の少ない介護法を紹介します。また、さまざまな福祉用具をはじめ、介護ロボットなども紹介します。

介護職員は、どんなに介護技術に長けているとしても毎日同じ動作を何十回もくり返している現状があります。忙しい介護現場ではその日1日の疲労がとれないこともあり、それが腰痛等につながる可能性があるのです。できるだけ環境整備を進め、福祉用具を導入する職場改善につとめましょう。

さらに本書では、必要に応じて用いる２人介助の方法についても、具体的に紹介します。

さまざまな方法を検討し、できる限り負担の軽減を図った介護を行うためにご活用ください。

目　次

第4章 2人介助

◆本書の使い方◆

第１章　利用者の自立に向けた介護

利用者の自立に向けた介護ができるように介護方法やその理由を学びます。

介護に対する認識で誤っている点はないか、見直してください。

第２章　自然な動作をうながす言葉かけ

移乗や移動において、利用者のからだの構造の特徴を十分に理解して、負荷のかからない動きをしてもらうための言葉かけを具体的に学びます。

第３章　福祉用具を利用した介護

日常多く使われる福祉用具の使い方を具体的に紹介し、その時々の利用者への言葉かけを紹介します。

第４章　２人介助

　緊急時などに役立つ２人介助の具体的な方法を紹介します。

第1章

利用者の自立に向けた介護

「利用者の自立へ向けた介護」が考え方の基本という意識をもつことが大切です。この章では、自立に関する事例への対処法として、良い例と悪い例をあげました。自分の介護を見直す材料としてください。

利用者のための介護

介護の主役は常に利用者

介護の主役は常に利用者です。多忙な業務のなかで、効率的に業務スケジュールをこなしたいという思いが介護職員に生まれることもあるでしょう。しかし、効率を重視し、利用者の気持ちや思いを軽視する傾向があると、介護の本質を見失っているといわざるをえません。

事例

安藤さんは、76歳の女性の利用者です。右片《へん》まひがあります。5か月前に施設に入所してきました。入所前、入浴は訪問看護師と介護職員の2人がかりで介助をしていました。しかし、入所してからは人員の確保が難しく、安全を考慮して機械浴になりました。

×悪い例

介護職員のAは、車いすを押しながら「安藤さん。お風呂です」と声をかけ、必要物品はAが独断でそろえ、浴室に連れて行きます。浴室では入浴する利用者が順番待ちをしており、浴室の中の介護職員に外から順番に引き渡していました。安藤さんは、施設での入浴を楽しむことはできないと感じています。

○良い例

介護職員のBは、安藤さんが入浴好きということを知っていました。機械浴という限られた条件のなかでも安藤さんに少しでも満足のいく時間を過ごしてもらいたいと考え、相談の上、以下の内容を実施することにしました。

①着替えの希望を聞いた上で入浴の準備をする
②安藤さんの入浴に関する希望を聞き、浴室の介護職員に伝える

過剰介護と残存能力

過剰介護が利用者の能力を奪う

ベッドから車いすへ、車いすから便器へなどの移乗は、まひがあったり、足腰の弱っている利用者では転倒の危険がひそんでいます。他の職員を呼んで、抱え上げて移乗した方がいいと思うことはありませんか？　しかし安全優先の介護が、利用者がからだを動かすことを少なくし、残存能力を活用する機会を奪ってしまうこともあります。

また、食物を口に運んだり、からだを洗うような動作も、時間がかかるからとすべてを介助してしまうと残存能力を失うことになります。

事例

岩井さんは88歳の女性です。家族もなく長期間施設に暮らしています。食堂も、トイレも車いすを利用しています。

×悪い例

ベッドから車いすへの移乗、車いすからベッドへの移乗時、岩井さんのからだが小さいこともあり、介護職員Aは抱えて移乗しています。岩井さんは、抱えられるたびに「ありがとう」と言ってくれます。

○良い例

介護職員Bは、レクリエーションのとき、岩井さんが支えがあれば立位がとれることに気づきました。岩井さんの残存能力を活用するために、立位をとることの利点を説明し、「お手伝いしますから、ご自分で立てるよう練習しましょう」と励まして同意を得た上で、移乗時は介護職員が介助して立位をとってもらうようにしました。

利用者の残存能力をいかす

場面に応じた適切な言葉かけを行う

移乗のとき、介護職員が利用者の体重全体を支える方法をとっていては、介護職員がからだを壊してしまいます。介護職員が利用者の残存能力を把握し、適切な言葉かけを行うことによって、利用者は残存能力を活用することができますし、介護職員にとって心身の負担を軽減し、仕事の継続が可能になります。

また利用者は、今から自分が行う動作を知り、どのような方法で行うのかがわかった上で、タイミングごとに声をかけてもらうことで、こころとからだの準備をすることができます。

からだの準備をすることで、両手や両足を適切な位置に置くことができ、また、全身を小さくまとめるように反応したり、反対に力を入れないように反応することができるのです。

事例

内田さんは、82歳のからだの大きな男性です。奥さんに先立たれ、５年前から入所しています。入所当時はトイレまで歩いて行っていましたが、徐々に足腰が弱り、最近では車いすでトイレに行っています。からだの大きな内田さんの移乗は、立ち上がり介助も、腰かけるときの介助も大変で、腰痛の介護職員が出てしまいました。

×悪い例

内田さんの車いすから便座への移乗の際には、介護職員２人がかりで行っています。一人が内田さんの前に立ち、内田さんには両手を職員の首に回してもらい、持ち上げるように内田さんを抱え上げ、もう一人の介護職員が下着を下ろし、強引に腰の向きを変えて便座に座らせ

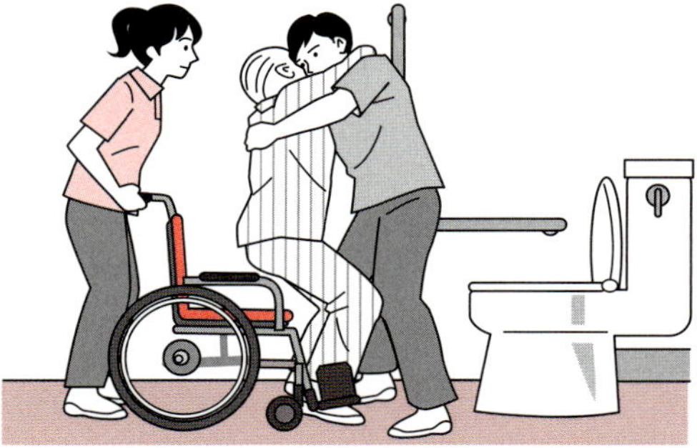

ています。介護職員は、内田さんに立位がとれないと思い込み、力任せの移乗をしていました。

○良い例

内田さんの立位能力がどの程度あるかをハッキリ知った上で介助方法を決定したほうがよいと考えた介護職員Bは、理学療法士を呼び、内田さんの身体能力を見てもらいました。その結果、両手の運動にはまったく問題はありませんでしたが、下肢には拘縮はないものの、筋力低下があり立位がとれないことがわかりました。

理学療法士が医師と相談した結果、筋肉強化の運動を開始することが決まりました。

介護職員Ｂはこの結果を踏まえ、移乗の手順を確認し、それぞれの段階で言葉かけをしながら、介護職員が介助をして内田さんに立位をとってもらうようにしました。

最初は多少のふらつきがありましたが、リハビリテーションも行った結果、見守りだけで移乗ができるようになりました。

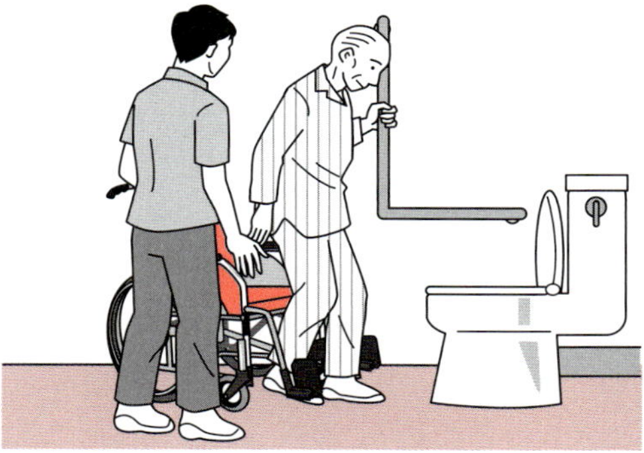

利用者の思いと自立支援

「できない」だけで判断しない

利用者の自立に向けて働きかけていると、「そんなことできない」という言葉を聞くことがあると思います。それまで誰かの介助を受けていたことを急に自分でやるように言われても自信がないのは当然でしょうし、不安もあるでしょう。しかし、その利用者が、残存能力を活用して、できることを増やしていくことは生きる希望にもつながります。

事例

遠藤さんは74歳の女性です。9か月前に脳梗塞《こうそく》を起こし、右上下肢《じょうかし》がまひしました。病院でのリハビリテーションの結果、歩行器を使用して歩行できるようになり、右上肢も指の細かい動きでなければある程度動くようになりました。

「できることはやってもらう」ため、一緒に洗濯物をたたんでもらうことにしました。「洗濯物を一緒にたたみましょう」と声をかけると、「できないわよ」と言われてしまいました。

×悪い例

介護職員Aは遠藤さんの「できない」の言葉を聞いて、「右手が不自由だから無理だ」と判断しました。

○良い例

介護職員Bは、「できない」と言われた後も、机の上にタオルを置いてたたむように言葉かけをしました。遠藤さんは左手だけを使ってイヤイヤながらたたんでいましたが、１枚できるたびに介護職員Bが「できましたね！ よかったー」と言葉かけを続けた結果、右腕も使って洗濯物を固定し、たたむようになりました。

無理強いしない

体調を把握した働きかけを行う

入院時に歩行訓練をしていた利用者の場合、「退院しても頑張って歩くようにしてください」と言われることがあります。このような利用者は、退院後も生活のなかでリハビリテーションを続けていく必要があります。

しかし「今日は休みたい、今日は無理」と利用者が言ったときに、無理強いしてはいませんか？　利用者は当然毎日体調が変化しています。体調の悪いときに無理強いすると思わぬ事故につながったり、以降のリハビリテーションがスムーズに進まなくなる可能性があります。

事例

小野さんは66歳男性。糖尿病の合併症のため、左足の指部分を切断しています。その手術の後病院でリハビリテーションを行い、杖歩行で歩けるようになっていました。

自宅に帰ってから、杖を使うのが面倒になったのか、伝い歩きをして生活していました。これを見た訪問看護師が「伝い歩きだけでは外出できなくなってしまう」と考え、家の中でも杖を使って歩行するようにとの指示を出しました。

介護職員は、杖での歩行が安定したら外出したいと希望していた小野さんに、杖を使うことの理解を得て、トイレでの移動時なども、杖を使ってもらうようにしていました。

×悪い例

ある日小野さんが、「今日は杖はいいよ」と言います。見ているとゆっくりと伝い歩きをしています。春になったら外に散歩に出てほしいと思っていた介護職員Ａは、とにかく杖の使い方に慣れてもらわなければならないと思い杖を強引に渡し、手すりが持てないようにしました。

小野さんは最初はどうにか杖をついて家の中を移動していたのですが、次の日から徐々に移動する回数が減り、トイレ以外ベッドから出ないようになってしまいました。

○良い例

介護職員Bは、小野さんの「杖はいいよ」の言葉を聞き、理由を尋ねることにしました。また歩行時はどのような様子なのかをしっかりと観察する必要性を感じました。

小野さんは、「今日はふらつく感じがして怖い」と言います。確かに足の運びがゆっくりした感じで、足を見たところむくんでいました。

医療職に連絡し、医師の診察を受けた結果、腎臓《じんぞう》の機能が低下していることがわかりました。医師から、「強いだるさを感じていたはずだ」と言われました。小野さんは、安静を保ちながら腎臓の治療を開始しました。

「少しよくなったら○○公園に行きたいね」と小野さんが介護職員Bに話しかけました。

杖

■杖の利点

杖には、足を骨折したときに使う松葉づえや、ステッキといわれる杖、また安定感を確保するための４点杖や、腕や手の筋力が弱くなっている人のためのロフストランドクラッチなど、さまざまな種類があります。

利用者に適した杖を使用することで、安全な移動が可能になります。

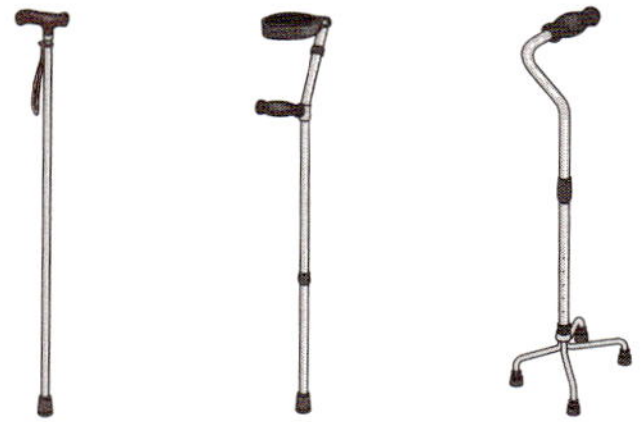

ステッキ　ロフストランドクラッチ　４点杖

■利用時のポイント

- どの種類の杖であっても、原則として患側（障害のある側）の足と反対の手で杖を持ちます。杖歩行の方法には、2動作歩行、３動作歩行などがあります。利用者の状態にあった歩行方法を行うことで、より安全が確保されます。

2動作歩行（左足に障害がある場合）

２動作歩行は、①杖と患側の足→②健側の足の順で歩行します。

3動作歩行（左足に障害がある場合）

３動作歩行は、①杖→②患側の足→③健側の足の順で歩行します。

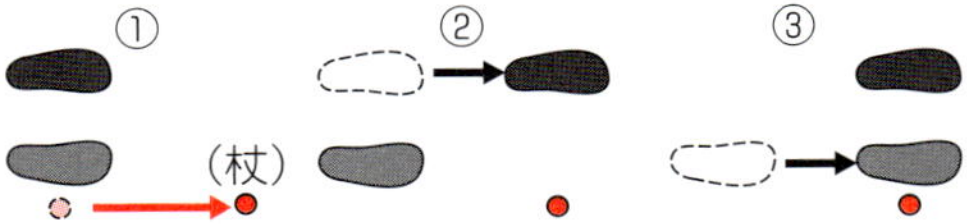

利用者のやる気を引き出す工夫

介護職員は、日常業務のなかで利用者にさまざまな言葉かけをします。そのなかにはレクリエーションへの参加を勧めたり、歩行訓練や移乗の自立のための動きを勧めたりと、利用者が頑張らなければならない内容もあります。このような場合、利用者はただ介護職員に言われたからといって、やる気が出るものでしょうか。

頑張る理由がわかり、どのように自分の生活が変化するかを知らなければやる気も起きないでしょう。

事例

加藤さんは、74歳の女性。左大腿《だいたい》部の頸《けい》部を骨折し、手術をしてからリハビリのために施設に入所してきました。手術をしても、左足の付け根の痛みがなかなか取れませんでした。そのため、歩くのを嫌がっています。

加藤さんは夫との2人暮らしだったのですが、加藤さんが骨折して身の周りのこともできなくなってしまったため、現在は夫も別の施設に入所しています。

加藤さんは、「夫がかわいそうだし早く家に戻らないと」と言っています。

×悪い例

介護職員Aは、痛がる加藤さんの様子を見て、歩行はとても勧められないと思い、トイレにも食堂にも車いすを使って移動しました。

○良い例

介護職員Bが、「ご主人のためにも、トイレでも台所でもご自分で行けるようになることが必要なのでは？」と励ましたことで、加藤さんは痛みを我慢して歩行訓練をする意味を理解したようでした。その後は、必ず歩いて生活しています。痛みの具合は、リハビリ担当者と連絡をとり、確認しながら行っています。

第2章

自然な動作をうながす言葉かけ

負担の少ない動作のためには、からだの構造を理解した上で自然な動作を理解する必要があります。また、利用者と力を合わせてその動作を行うためには、残存能力を活用するための言葉かけが必要になります。この章ではボディメカニクスとそれをふまえた動作ごとの言葉かけを紹介します。

からだの構造をふまえた自然な動作を学ぶ

ボディメカニクス

介護職員、利用者ともに、無理のない自然な動作をするためにはボディメカニクスを知っておくことが必要になります。以下に、ボディメカニクスの原則を解説します。

ボディメカニクスの７つの原則

①支持基底面を広くする

介護職者の足を標準的には肩幅より広くすることで支持基《しじき》底面《ていめん》が広がり、立位が安定します。

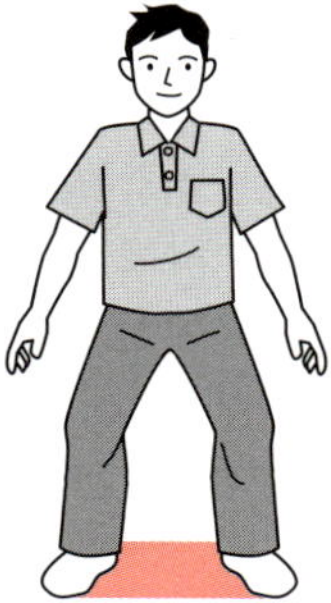

②重心の位置を低くする

腰を低くすることで重心が下がり、姿勢が安定します。

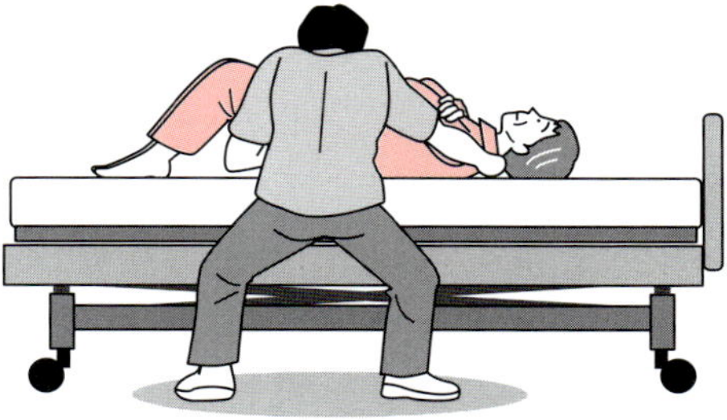

③重心の移動をスムーズにする

動く方向に足を向け、水平に滑らせるように動かすことで負担は軽減します。

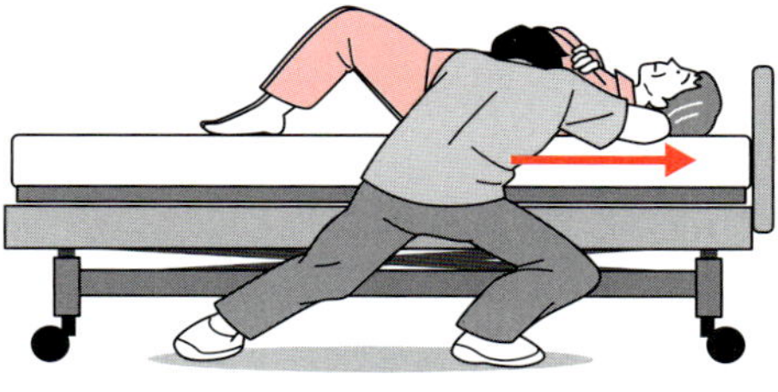

④重心を近づける

利用者に近づくことで動きが容易になります。

⑤てこの原理を使う

膝《ひざ》や肘《ひじ》を支点として、てこの原理を使うことで、小さな力で大きな力を生むことができます。

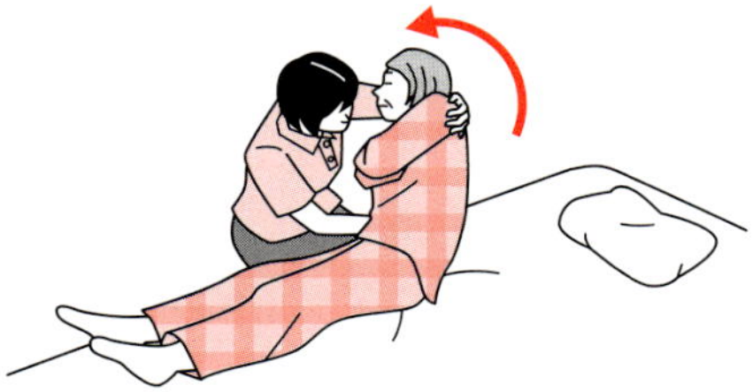

⑥からだを小さくまとめる

利用者が両手をからだの上で組み、膝を立て、両足を揃えてからだを小さくすることで摩擦《まさつ》が減り、動かしやすくなります。

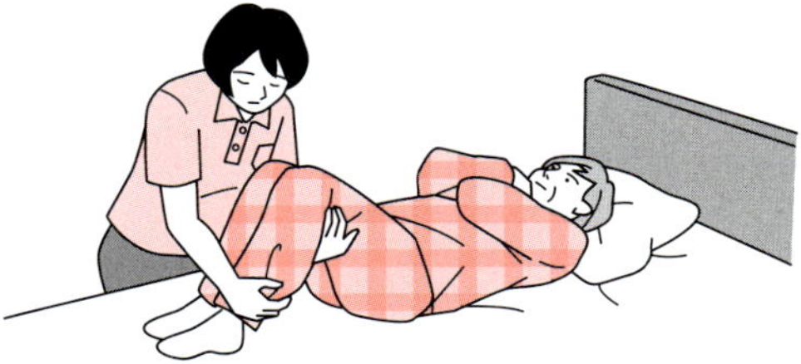

⑦大きな筋肉を使う

背筋や大腿《だいたい》の筋肉など、大きな筋肉を使うことで大きな力が生まれます。

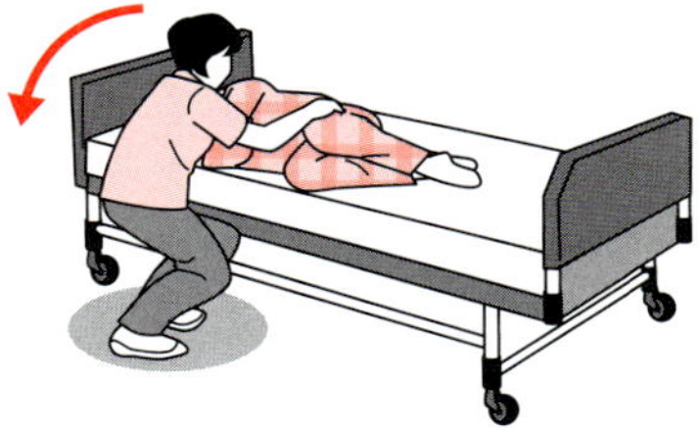

自然な動作をうながすための手順

ポイントは言葉かけと利用者の意欲

利用者と介護者にとって負担の少ない動作をするための手順を解説します。まず利用者の状態を把握し、動作方法を検討して決定し、その動作方法を利用者に理解してもらった上で声をかけながら実施していくことになります。

以下に、それぞれの段階でのポイントを列記します。

1 利用者の今の状態を把握する

- まひの有無・部位・程度を把握する
- 拘縮《こうしゅく》の有無・部位・程度を把握する
- 説明の理解力を把握する
- 気力の程度を把握する
- 残存《ざんぞん》能力を把握する

　残存能力を把握することで、利用者の動作方法が決定します。また、その時にできること、できないことだけではなく、訓練を続けることでできるようになると思われることに関しても把握しておくようにしましょう。

2 介護職員、理学療法士、看護師などで、利用者に適した動作方法を具体的に決定する

- 1 で得られた情報をもとに検討する
- 主役が利用者となる方法
- 利用者の残存能力を活用する方法
- 自立に向けた方法
- 利用者の安全を確保する方法
- 必要な言葉かけとそのタイミング
- 福祉用具の使用の有無の決定

　利用者と介護職員が力をあわせて動作を行うためには、利用者が動作を理解した上で、

タイミングのよい言葉かけが必要になります。また、利用者の力を必要としない動作であっても、自分がこれからどう動くのかを利用者に知っておいてもらうことは大切です。

3 決められた方法を利用者に説明し、同意を得る

- 初めて決められた動作を行うときには、何のためにその方法で行うのか等を具体的に説明し、どのように動いてもらいたいのか説明します。
- 説明内容をどの程度理解しているかについて確認します。
- 利用者の考え方や思いを確認します。
- 利用者の理解度に合わせ、動作介助ごとの言葉かけの内容を決定します。

動作方法を決定し、ただ実施しようとしても、利用者と力をあわせなければ（協同しなけ

れば）動作を楽に実施することはできません。利用者の理解度や動作への意欲についても把握し、利用者ごとに適した介助方法を見つけましょう。

4 利用者の安全を確保する

- 初めての動作をするときには、複数の介護職員や他の専門職（理学療法士や作業療法士等）に参加してもらい、危険をともなうポイントを観察し、把握してもらいます。
- 危険をともなうポイントについて、方法を再度検討します。

安全の確保は、基本中の基本です。利用者の自立につながる動作であっても、転倒などの事故につながり、骨折してしまったら自立とかけ離れてしまうので予測する視点も大切です。

多くのスタッフで安全の確認ができるよう

にしましょう。

5 自然な動作をうながすための言葉かけ

- これから行う動作を説明し、利用者にこころとからだで準備をしてもらいます。
- 自然な動作を介護職員と利用者が力を合わせて行うためには、タイミングよく、言葉をかける必要があります。

人は、これからどのようにからだを動かすかをわかっていれば、こころだけでなく、からだも自然に準備に入ります。からだが準備に入り、その流れで動作に移れるような言葉かけが必要です。動作の途中のポイントでも、言葉かけを行うことで、スムーズに動作が行えます。

事例

木村さんは86歳の男性で、以前から施設で生活していましたが、肺炎になったため入院し、先日退院しました。以前は自分でベッドから車いすに移乗し、車いすを自走させて施設内を自由に移動していましたが、退院後、自力で車いすに移乗することができなくなっていました。

施設では木村さんへの介助方法を検討することになりました。

1 利用者の今の状態を把握する

- まひ・拘縮《こうしゅく》の確認：まひはなく拘縮もなし
- 理解力・気力の把握：施設に帰ったことを理解し、顔なじみのスタッフに会えたことで気力が戻ったのか、「動きたい」と言う
- 残存《ざんぞん》能力の把握：筋力の低下によってからだを動かしにくくなっているだけで、筋力が戻れば、以前と同じように生活できる可能性が高い。現在の筋力でどのような方法で移乗できるのかがわからない

2 利用者に適した介護の方法を具体的に決定する（ベッドから車いすへの移乗方法）

木村さんの場合まひも拘縮《こうしゅく》もなく理解力もあ

り、以前の生活を取り戻したいと思っているため、自力で車いすに移ることを目標としました。

3 方法を利用者に説明する

車いすに移乗するまでの動きを説明し、介護職員がいるので怖くないことを伝えます。

4 利用者の安全を確保する

利用者の転倒・転落に対する恐怖心の軽減のため、介護職員は言葉かけとともに必要な介助を行います。利用者のからだに直接触れるような介助はもちろん、転落防止のため介護職員のからだでガードするような介助も含まれます。

5 自然な動作をうながすための言葉かけ

①降りる側に腰の位置をずらしてもらい、側臥位になってもらいます。

言葉かけ

木村さん、車いすに移りますよ。まずこちらの端に両足をゆっくり動かしてください。起き上がりますから、できないところはお手伝いしますね。力を合わせて一緒にしましょう。

②木村さんに、両足を降りる側の端へ動かしてもらいます。次に、頭部を上げ、あごを引いて、降りる側の肘《ひじ》を立て、上半身の体重を前に倒しながら手をついてからだを起こす方法を説明しました。説明後、実際に介護職員が手で支えながら上半身を起こしてもらい、同時に足をベッドから出します。

言葉かけ

肘を支えますから、上半身を起こしましょう。コツを覚えればすぐできるようになりますから、一緒にしましょう。頭を前に倒すようにすると手に力が入りやすいですよ。

③お尻を少しずつ前に出してもらい、両足をしっかりと床につけます。

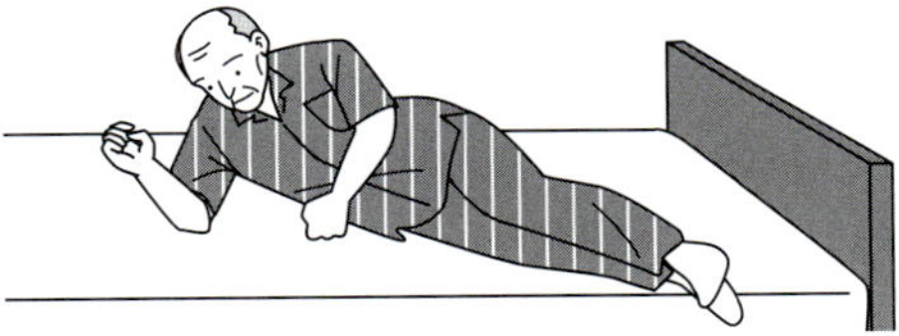

言葉かけ　前にいますから、怖くないですよ。お尻を片側ずつずらして前に出てください。両手をしっかりベッドについてください。両足が床についているから、安定しましたね。

④片手でベッドの柵につかまり、上半身を倒し、しっかり両足に体重を乗せ、立ち上がってもらいます。介護職員は、利用者の横に立ち、からだをしっかりと支えます。

言葉かけ　頭を前に出すようにしてください。足に力が入りましたか？　力が入ったら立ち上がってください。

⑤からだの向きを変え、車いすに座ります。

第3章

福祉用具を利用した介助

福祉用具を適切に使うことで、利用者の自立を促し、介護負担を軽減することができます。この章では、適切な使用法と、動作ごとの言葉かけを紹介します。

使える福祉用具を上手に使うことで、利用者の自立と介護職員の負担軽減を達成してください。

福祉用具の活用

福祉用具を活用する

福祉用具には、車いすをはじめとする移動のための福祉用具のほか、入浴や食事、排せつなど、さまざまな種類のものがあります。利用者の状態にあわせ、適切な福祉用具を介護に取り入れることで、利用者が自分のもてる力を発揮する機会が増えることもあるでしょう。また、利用者と介護職員双方にとって無理のない介護につながり、利用者にとっては生活がより安全になり、介護職員の負担も軽減します。

利用者の残存能力をいかす

福祉用具の使用に関しては、利用者への事前の説明が重要です。利用者には生活のなかに急に福祉用具が入ってくると、大事にされていない、手を抜かれている、と感じる人もいます。

福祉用具の利点と、福祉用具を使用することで活動範囲が広がり自立につながることを納得できるまで利用者に説明するようにします。また利用者の残存能力を把握し、利用者が行うことと、介助が必要なことについても説明します。

また、正しく使用するためには、使用時の言葉かけも大切です。利用者が福祉用具を使うことで不自由さから少しでも解放されたと思えるような支援につなげたいものです。

福祉用具利用時のポイント

福祉用具を実際に使用する場合は、適切な場所で、正確な使用方法で、利用者の協力を得られて、初めてその利点を生かすことができます。

以下に主な福祉用具の使い方と、言葉かけのポイントを記しますので、成果の出る使用方法がとれるようにしていきましょう。

スライディング用具の使用

スライディングシート

●スライディングシートの利点

利用者のからだの下に敷き、移動を補助するための福祉用具です。正しく使用することで、利用者の左右・上下の動きがスムーズになるだけでなく、からだと接触面との摩擦が小さくなるため、褥瘡《じょくそう》の予防にもつながります。

しかし摩擦が少なくなり、小さい力で体位変換や移動などができるようになるため、力を調節しないと、滑りすぎて事故につながることもあります。

●利用時のポイント

- 利用者に膝を立てるなどの協力を仰ぐ場面が増え、利用者は「できることがある」「とても楽しい」という実体験を味わうことができます。

●スライディングシートの使い方

手前に移動するとき

①利用者を側臥位にして、スライディングシートをからだの下にさし込みます。

言葉かけ これからからだを手前に寄せるために、シートを敷きますね。これを使うととても楽に移動できるんですよ。

②利用者を仰臥位に戻し、手を胸の上に組み足をそろえるようにしてもらいます。介護職員は両腕を広く開き、スライディングシートの頭と足の部分をしっかり握り、腰を落としてシートを手前に引きます。

言葉かけ 手前に来ていただきますね。両手は胸の前で組んでください。足は、左足（健側）を右足（患側）の下に入れてください。それでは引っ張りますね。イチ、ニイ、サン。

③移動が完了したらシートを引き抜きます。

上に移動するとき

①利用者を側臥位にして、スライディングシートをからだの下に入れ込みます。

言葉かけ　これからからだを上に移動するために、シートを敷きますね。これを使うととても楽に移動できるんですよ。

②利用者を仰臥位に戻し、両手を胸の上に組み、両膝《ひざ》を少し開き膝を立ててもらいます。

言葉かけ　両手は胸の前で組んでください。両膝を少し開いて膝を立ててください。

③介護職員は利用者の両膝の皿に手を置きます。利用者が腰を浮かすと同時に、介護者は膝を押し、利用者は上に移動します。

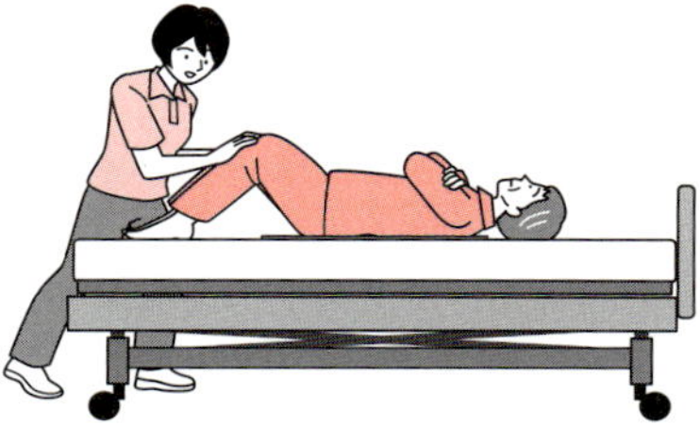

言葉かけ　それでは上に移動しますね。腰を少し浮かせてくださいね。私が膝を押しますから、緊張しないで大丈夫ですよ。イチ、ニイ、サン。

スライディングボード

●スライディングボードの利点

車いすとベッドの間、車いすと便座の間などに渡すことで、利用者の腰を滑らせて移乗することができます。また、シャワーチェアと浴槽の縁で使用すると、浴槽を「立位でまたぐ」という動作の負担を軽減することができます。

●利用時のポイント

- ベッドから車いすへの移乗では、高さを調節できるベッドとアームレストが外れる車いすが必要です。
- 安定して座っていられるだけのボードの幅が必要です。

●スライディングボードの使い方

①移動する側のベッドの柵と車いすのアームサポート、フットサポートをはずします。

②ベッドの高さを調整し、ベッドの高さを車いすよりも少し高くします。

言葉かけ　ベッドの高さを動かします。手をベッドの底面について座ってくださいね。

③利用者に、ベッドサイドで端座位になってもらいます。両手は姿勢が安定するようマットレスに置くか、ベッドの柵につかまってもらいます。

④ベッドサイドに車いすを近づけ、ストッパーをかけます。車いすの配置角度は車いすの形式、ボードの形態、利用者の状況によって違うことも理解しておきましょう。

⑤利用者の腰の下にスライディングボードをさし込み、反対の端を車いすに乗せます。ボードが安定していることを確認します。

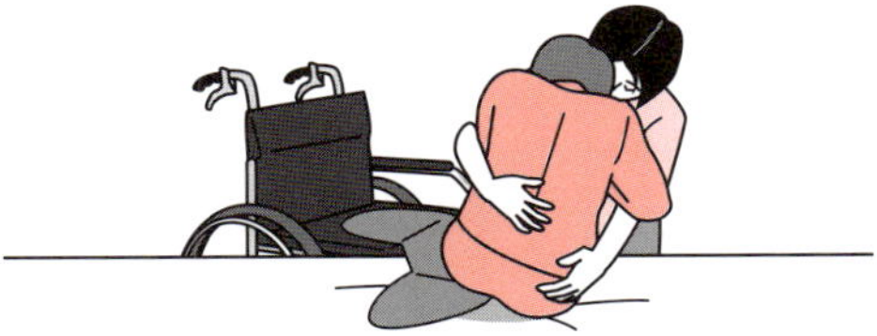

言葉かけ　このボードをお尻の下に入れますから、こちら側のお尻を少し持ち上げてください。私が肩を押さえています。

⑥利用者は、座位姿勢のままスライディングボードの上を腰をずらしながら移乗します。

言葉かけ　ゆっくり移動しましょう。私が支えていますから大丈夫です。

⑦スライディングボード上でバランスを崩し、転倒する危険性があるため、身守りが必要です。

言葉かけ　ゆっくり腰をずらしてください。手をついてください。もしバランスが崩れても私が支えますから大丈夫ですよ。

移動式リフト、昇降機の使用

移動式リフト

移動式リフトは自分で移動できない利用者のからだをつり上げ、ベッドから車いす、またトイレ、浴室などへの移動を補助する機器です。固定式、据え置き式、床走行式、天井走行式の４種類があり、それぞれ利用者の状況、状態に応じて使用されます。

●移動式リフトの利点

どの種類の移動式リフトも、移動支援のための福祉機器です。体格の大きな利用者でも、介護職員の負担なく移乗・移動することができます。

まだまだ利用している施設は少ないですが、介護負担を軽減するため導入が望まれます。

●利用時のポイント

- リフトによって、吊り具の装着法が異なりますので、使用説明書を確認して、利用者の負担にならない方法で行います。
- 吊り具に体重がかかりすぎると利用者が痛みを訴えることがあります。吊り具にしわやたわみがないことを確認して正しく装着します。

固定式

- 浴室、ベッド周りなどに固定して設置し、その機械の可動範囲内で吊り具を動かし、利用者を移動します。
- ベッドからポータブルトイレへの移動、浴槽の中への移動などのときに利用します。

据え置き式

- レールを組み込んだやぐらを立て、そこから吊り具を下した形のリフトです。
- レールの範囲内での移動が可能になります。
- 寝具の交換や、車いすへの移乗などのときに使用します。

床走行式

- キャスターが付いているリフトで、どこへでも移動することができます。
- 利用者は吊り具で持ち上げられて移動します。
- 腰回りを覆わないトイレ用の吊り具もあります。

天井走行式

- 移動の必要な場所まで天井にレールを走らせ、吊り具を引っかけて移動します。

●移動式リフトの使い方

①利用者にベッド上で仰臥位になってもらいます。

言葉かけ　これからリフトを使って車いすに移ります。
このシートをお尻の下に敷きますね。

②シートの向きを確認し、利用者に側臥位になってもらいます。

言葉かけ　**横を向いていただきますが、楽にしていてください。**

③シートの位置と利用者のからだにあわせ、敷き込みます。

言葉かけ　**このシートをからだの下に敷きます。位置をあわせますので、じっとしていてください。**

④利用者に仰臥位に戻ってもらい、ベッドを少しギャッジアップし、リフトのアームを近づけシートの吊り具のフックをとめます。

言葉かけ　**シートをリフトにしっかりと引っかけますね。**

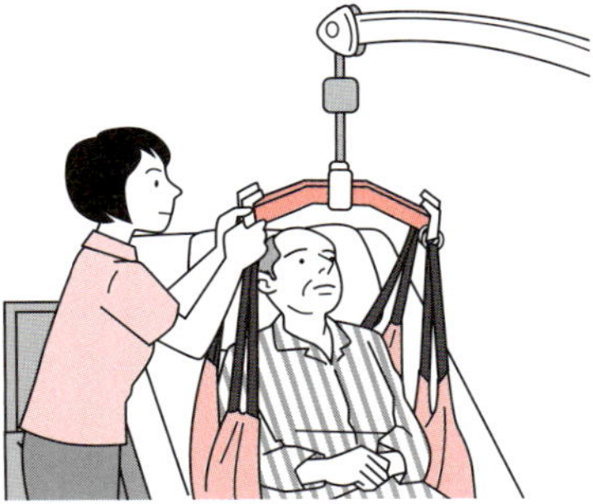

⑤アームを操作し、引き上げます。

言葉かけ 上に移動します。動き出しますので止まるまでじっとしていてください。機械がからだを持ち上げます。私も支えていますので、大丈夫です。安心してください。

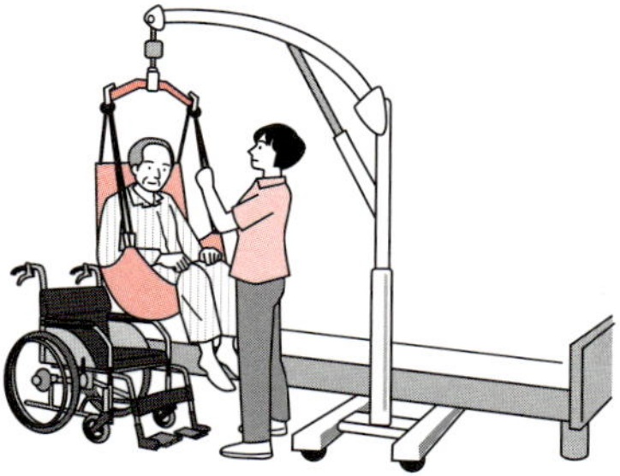

昇降機

●昇降機の利点

昇降機は、在宅で生活している利用者が使用することの多い福祉用具です。エレベーターのように地面から床の高さまで車いすごと持ち上げるものや、車いすごと1階から2階に持ち上げるもの、いすがレールに沿って移動するいす式などがあります。家の中での昇降を機械が行うことで家族への負担が軽減し、利用者の生活範囲が広がります。

●利用時のポイント

- 車いすごと移動する場合は、車いすのストッパーがかかっていることを必ず確認します。
- 介護職員が見守りができる２人乗りとなるため安心です。

●昇降機の使い方

①昇降機の上に乗り、固定する。車いすごとの場合は車いすを、からだだけ乗る場合はシートベルトでからだをしっかりと固定します。

言葉かけ　上に移動します。動き出しますので、止まるまでじっとしていてください。機械がからだを持ち上げます。私も支えていますし、大丈夫です。安心してください。

福祉用具を利用した浴室

浴室で使用する福祉用具

それぞれの福祉用具の配置と使用方法を確認し、正しく使用するようにしましょう。

滑り止めマット

- 浴室や浴槽の中は滑りやすく、転倒しやすい場所です。滑り止めマットは、濡れた床や浴槽の中に敷く、ゴム製のマットです。

シャワーチェア

- シャワーチェアは洗い場に置くいすで、折りたためるものもあり、使用状況や利用者の状態、浴室の広さなどから、適切なものを選びます。
- シャワーチェアを使用することで、足腰の悪い利用者でも楽な姿勢でシャワーを利用することができます。

手すり

- 浴室の手すりは、浴槽の位置やカラン(水・湯の蛇口)の位置によって、設置する場所を工夫しなければなりません。在宅の場合は、理学療法士、福祉用具専門員等に相談するようにしましょう。手すりには、壁に付けるもののほかに、浴槽の縁に付けるもの、まっすぐなものやL字形のものまでさまざまです。
- 入浴という動作は、立ったり座ったり、またいだりと、複雑な動きをする必要があるため、手すりを使用することによる安全確保は大切です。

バスボード

- 浴槽の縁に置き、浴槽の上で腰かけるためのボードです。ボードがあることで、片足で立って浴槽をまたがずに済むようになります。

移動台

- 移動台は、浴槽と同じ高さのいすで、浴槽の脇に置くことで、移動台からバスボードまで、お尻をずらして移動することができます。

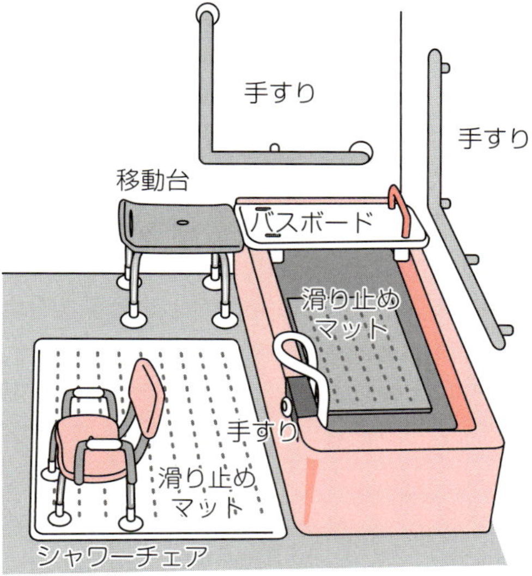

●浴室で使用する福祉用具の利点

浴室では、多くの福祉用具が使用されます。これらの福祉用具を使用することで、利用者の自立度を上げ、事故の防止につながります。

●浴室で使用する福祉用具のポイント

- どのように福祉用具を取り入れても、正しい使い方ができなければかえって危険性が増すことになります。
- 配置や使い方について疑問がある場合は、専門家に確認するようにしましょう。

●浴室で使用する福祉用具の使い方

ここでは、少しの介助で入浴できる右片まひのある利用者が浴槽に入る方法について説明します。まひがある場合は、移動台の位置を工夫して、健側から入るようにしてもらいましょう。

必要な場合は、介護職員が介助します。

①移動台を浴槽の高さに合わせ、健側が浴槽側になる位置に配置し、バスボードを浴槽の縁に乗せます。

②利用者は移動台に座り、バスボードに手をついて安定させた上で、健側の足を浴槽に入れます。

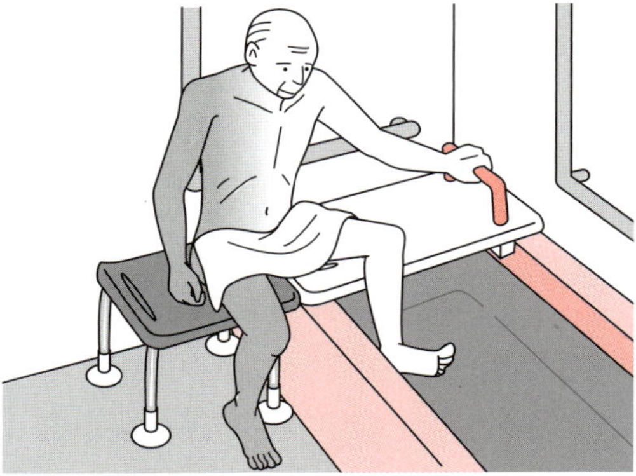

言葉かけ　左（健側）足を湯船に入れましょう。しっかり手すりを握ってからだを支えてください。私が横にいますから大丈夫ですよ。

③次いで、利用者は右（患側）足を浴槽に入れます。介護職員は腰を低くし、利用者が右足を浮かせるのを介助し、浴槽に入れます。

言葉かけ　次は右（患側）足を入れましょう。左（健側）足はしっかり床についていますか？　介助をしますので、右足を浮かしてみましょう。

④浴槽の奥にある手すりにつかまり、ゆっくりと腰をバスボードの中央までずらします。

言葉かけ　しっかり手すりにつかまってください。腰をずらせば大丈夫ですよ。ゆっくりでいいので、移動しましょう。

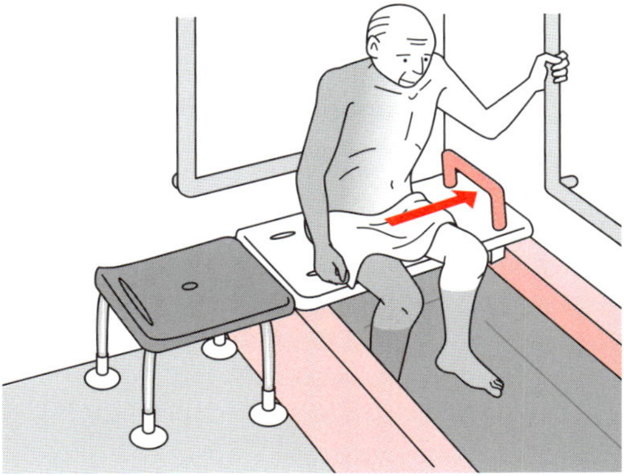

⑤手すりから手を離さず、立ち上がって浴槽内に腰を落とします。必要に応じてバスボードを一時外すこともあります。

言葉かけ しっかり手すりをつかんで、上半身を倒して、ゆっくり立ち上がってください。浴槽に腰をおろしてください。

⑥浴槽から出るときはこの逆の動作になります。

リフトや特殊浴槽での入浴

まったくからだを動かすことができない利用者の場合、リフトや特殊浴槽を使用した入浴があります。

リフトや特殊浴槽を使用することで、清拭《せいしき》だけだった利用者が、入浴することができるようになります。

入浴用リフト

入浴用リフトは浴槽の端に置き、座面を垂直に上下に動かすことができます。座面の位置を低くすれば、肩まで湯につかることができます。

● 立位が取れなかったり、しゃがむことや立ち上がることができない利用者でも、安全に湯につかることができます。

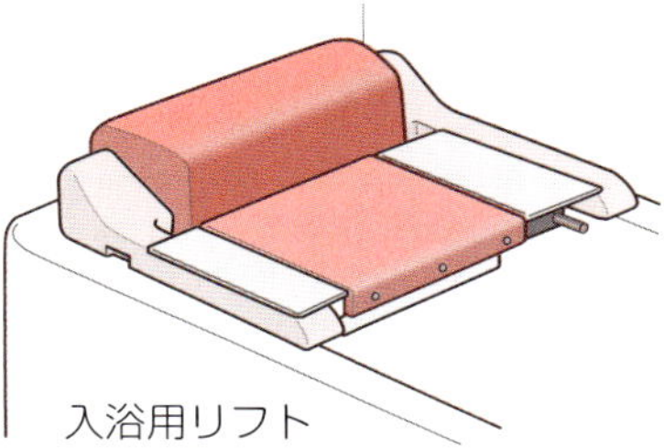
入浴用リフト

用途に合ったものを使う

車いすの選択

車いすにはさまざまな種類のものがあります。それぞれの利用者の特性に合ったものを選んでいるかどうかで、QOLを左右することにもなります。

車いすで1日の大半を過ごすことは、決して望ましいことではありません。

可能なかぎり、車いすからいすに移ってもらうようこころがけましょう。

●車いすの種類

車いすには自走式車いす、介助式車いす、電動車いすなどの種類があります。

利用者が自分で操作する自走式車いすには、駆動輪にハンドリムというフレームが付いてい

車いすの種類

介助用式車いす

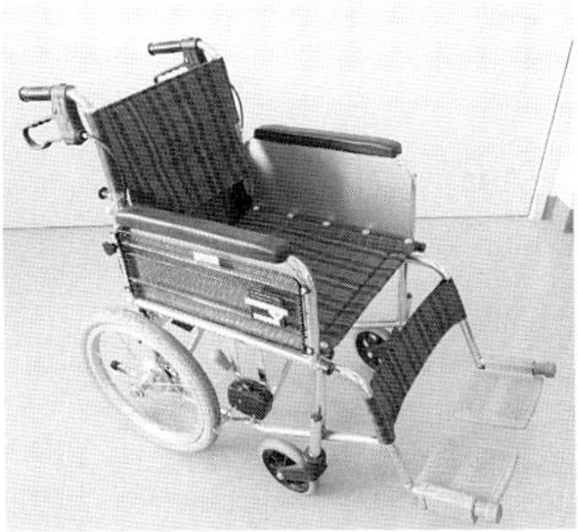

自走式車いす

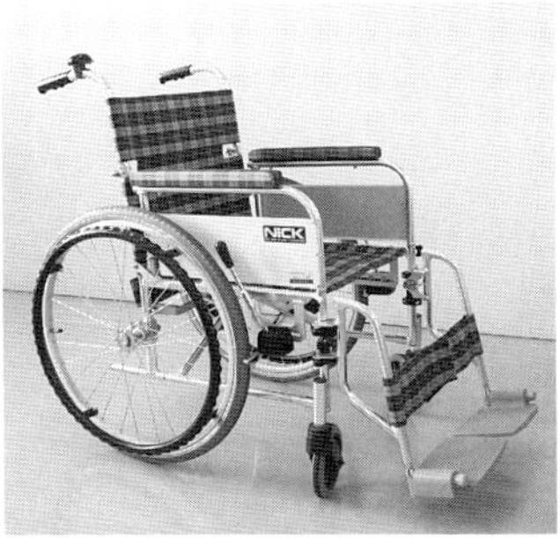

電動車いす

ます。介助者が操作する介助式車いすは、ハンドリムがなく駆動輪の小さなものが多く見られます。電動車いすは、指1本で操作ができるため、上下肢に障害のある人も自身で操作し出かけることができます。

車いす各部の名称

前面

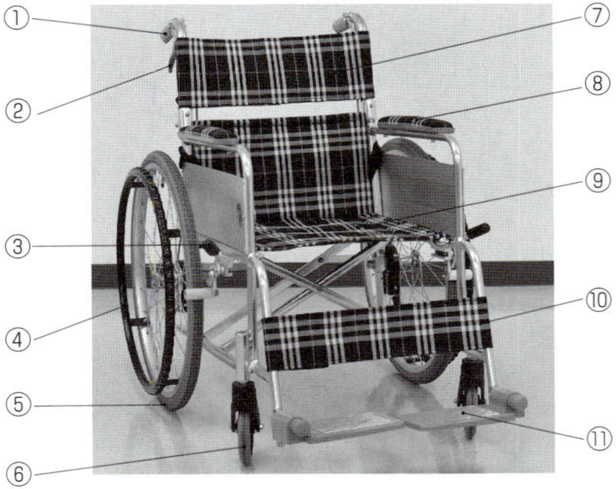

①グリップ（介護者が押すための握り）、②制動用ブレーキ、③駐車用ブレーキ、④ハンドリム（自走用のフレーム）、⑤駆動輪（主輪）、⑥キャスタ（前輪）、⑦バックサポート、⑧アームサポート、⑨シート（座面）、⑩レッグサポート、⑪フットサポート

後面

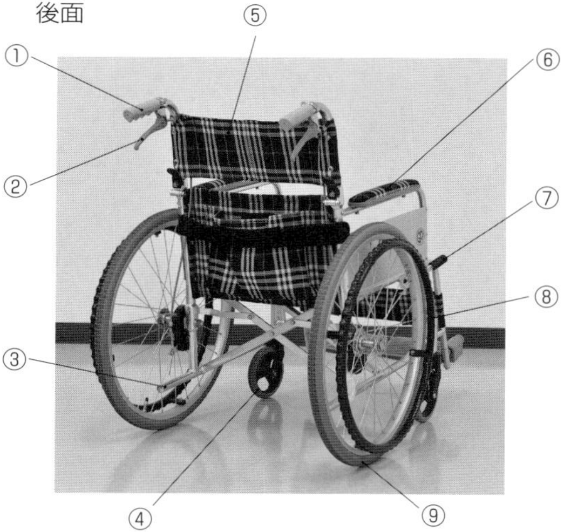

①グリップ（ハンドル）、②制動用ブレーキ、③ティッピングレバー（介護者がキャスタを上げる時に足で踏む）、④キャスタ（前輪）、⑤バックサポート、⑥アームサポート、⑦駐車用ブレーキ、⑧ハンドリム（自走用のフレーム）、⑨駆動輪（主輪）

●車いす各部の機能

各機能を活用することで、利用者や介護職員に負担の少ない移乗も可能になります。

リクライニング

- バックサポートからレッグサポートまでほぼフラットな状態になるタイプもあります。

バックサポート

- 折りたたむことができるタイプがあります。

フットサポート

- はずすことができるタイプ、開閉できるタイプのものがあります。

アームサポート

- 跳ね上げ式のタイプがあります。

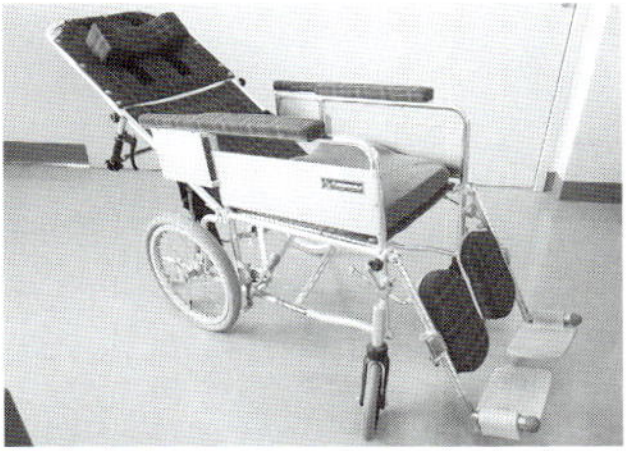

リクライニング
車いす

福祉用具を利用した排せつ

排せつで使用する福祉用具

●自立に向けた支援のために

排せつ行為や排せつ物の処理を人にまかせることは、利用者の心身にマイナスの影響をもたらします。歩ける人はトイレで、座れる人はトイレやポータブルトイレで、寝たきりであっても利用者の心理に配慮しておむつを外す可能性を考えることが排せつの自立に向けた支援です。

●トイレ内の福祉用具

福祉用具を使用することで、なるべくトイレで排せつできるよう工夫しましょう。

手すり

- 手すりがあるトイレでは、車いすからの移乗が安全になります。

- 手すりを持ってもらうことで安定した立位を確保できるため、ズボン・下着の上げ下ろしが可能になります。

前方アームレスト

- 便器に座り、前傾姿勢を取る際に姿勢の安定につながります。

補高便座

- 洋式便座の上に置き、便座を高くするものです。
- 便座が高くなることで、股関節や膝関節の関節可動域が狭くなっている利用者でも座ることができます。

トイレ立ち上がり補助器

- 電動式やスプリング式で、便座の背中側が持ち上がる形状のものです。
- 立ち上がりしにくい利用者の立ち上がりの補助を行います。

●排せつで使用するその他の福祉用具

トレイでの排せつが難しい場合、利用者の状況に応じて適切な福祉用具を使用します。

ポータブルトイレ

- 尿意・便意があり、座位のとれる利用者が使用します。
- ポータブルトイレは、軽くて持ち運びが便利なものや重量があり安定感が確保されているものなどさまざまなものがあります。

標準型
（プラスチック製）

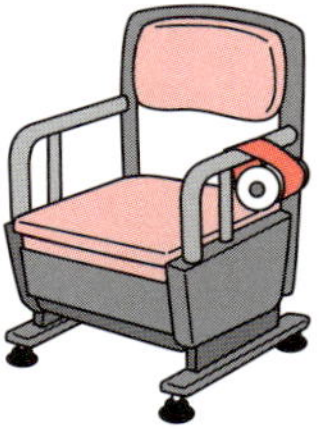

ベッドサイド
ポータブルトイレ

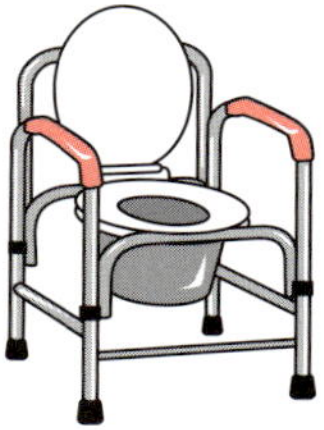

金属製コモード型

- できるだけ座面の高さが調節できるものを選択し、安定した姿勢で排せつできるようにします。

差し込み便器・尿器

- 尿意、便意はあるが、ベッドから降りることのできない利用者が使用します。

おむつ

- パンツ型紙おむつは、歩行ができる利用者が使用します。その時には取り替えが便利なため尿取りパッドを併用します。
- 平型のおむつから、パンツ型紙おむつまで、さまざまに工夫されたおむつがあります。
- 平型のおむつは、意識障害のある寝たきりの利用者で使用しますが、少しでも移動ができる利用者では別の方法を工夫します。

●排せつで使用する福祉用具の利点

排せつの福祉用具にはさまざまなものがあります。利用者の状態に適した福祉用具を選択することで、排せつの自立に向かえます。

●排せつで使用する福祉用具のポイント

- 日中はトイレを使用して夜間だけポータブ

ルトイレを使用する、トイレへの移動が可能でも、排せつの失敗に対する不安感のためにパンツ型おむつを使用する、などの利用者もいます。利用者の状態にあわせて、さまざまな福祉用具を組みあわせて使用する場合もあります。

- トイレも浴室同様、立ったり座ったりの動作が必要な場所です。利用者の状態にあわせ、安全に排せつできる環境を整えます。
- トイレを利用して排せつできる場合は補助手すりを設置する、歩行に不安がある場合はポータブルトイレを利用するなどの方法があります。また座位が難しい場合は尿器や差し込み便器の使用を検討します。
- おむつの使用は、尿意のある利用者はなるべく使用しないようにしたいものです。しかし、利用者によっては安心のために使用することもあります。
- 尿意がある場合、排せつ時間を確認することが大切です。排せつチェックシートをつけることで、排尿、排便の前にトイレへ誘導することができます。また、一回の排尿量がどれくらいか、残尿はないかなど、チームで確認しましょう。

食事用自助具

■自立した食事を支援する福祉用具

利用者の食べるスピードや食べたい順番に合わせた介助は、食事の満足につながる大切な支援の視点です。本来はこれまでのように、自分自身で思いどおりに食べることが利用者にとって最良の食事の仕方です。

食事用自助具は、片まひや指に力が入らなくなってしまった利用者が一人で食事がとれるように工夫された食器です。

食事用自助具には、箸、スプーン、フォー

ク、皿、コップなど、さまざまな種類のものがあり、障害の種類によって使いやすい形態となっています。

利用者の状態によって適切なものを選択して、可能な限り利用者が自分で食事ができるように支援しましょう。

●利用時のポイント

- 利用者の残存《ざんぞん》能力を把握した上で、利用者に適した用具を選択する必要があります。

その他の福祉用品

今までに紹介した物だけでなく、福祉用具にはさまざまなものがあります。

衣類や靴などは、利用者が自分で脱ぎ着できるようにマジックテープなどで工夫されたものがあります。また歯ブラシには使いやすいよう、柄が太くなっているものなどもあります。

利用者の生活をより自立へと近づけるため、日々進化する福祉用具にどのようなものがあるのかを知っておくことが必要になります。

ロボットスーツ HAL の活用で意欲を取り戻した利用者

37歳の男性利用者は、交通事故によって胸部から下がまひしてしまいました。その結果ベッドから出られず、友人や家族との人間関係も事故前とは違うものになってしまったと感じていました。しかし、HALを着用することで施設内の移動が可能になり、自信を取り戻し、外出への意欲も高まっています。

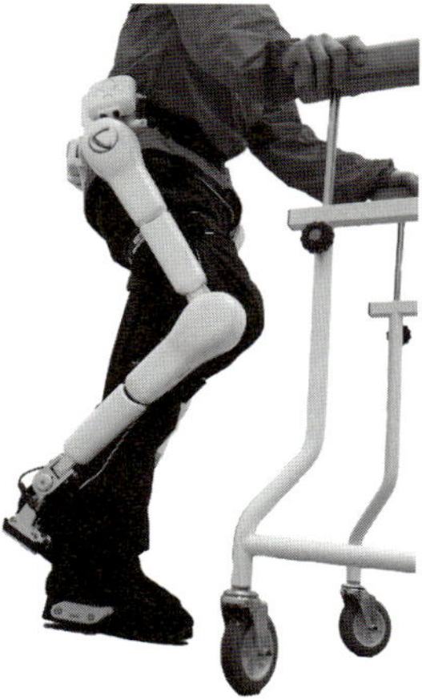

Prof. Sankai University of Tsukuba / CYBERDYNE Inc.

第4章

2人介助

介護の現場では、2人で介助することがあります。本来は利用者の残存能力を活用し、自然なからだの動きにあわせた移動・移乗を行いますが、利用者の状態像が重度の場合，より安全を確保しなければならないとき、緊急時などには2人介助が必要になることもあります。2人介助の方法を確認しておきましょう。

2人介助とは

他の方法がないときに選択される

2人介助が必要な場合とは

利用者の残存《ざんぞん》能力を把握し、どの部分を介助するか、具体的にどのような方法にするか、介護職員が行う必要のある介助なのか福祉用具を使用するべきか、環境なども考慮し検討します。その結果、ほかの方法が適切でないと判断されたときに2人介助を行います。

たとえば、在宅で適切な福祉用具の導入が難しく、介護職員が一人で介助するには危険な場合があるでしょう。ボディメカニクスを十分に活用しても、意識のない利用者をベッドからストレッチャーに移動するのは危険です。このような場合などに、2人介助が選択されます。また、入浴などリスクの大きな介助のときにも2

人介助が選択されます。利用者の残存能力をいかした介助が最優先です。2人介助は限られた状況、条件で行われることを理解しましょう。

利用者ができることは利用者に

2人介助のときも、利用者の状態を見極め、利用者にできることは利用者にしてもらいます。ベッド上の水平移動のとき、利用者が身体を小さくまとめるだけで利用者と介護職員の負担は軽減します。

これからどのように移動を開始し、どのような方法をとるのかを利用者に説明し、利用者が理解した上で手順に沿って声をかけることで、移動は利用者と介護職員の協働作業になります。

利用者への2人介助のポイントと言葉かけを概説します。

2人介助でのベッドからストレッチャーへの移乗

移乗の方法

スライディングシートを利用しても、介護職員が一人でストレッチャーに移乗させるのは危険が伴うとともに、介護職員の身体面への負担も大きくなります。この場合は、2人で行います。

①利用者には、これからストレッチャーに移乗することを知らせます。まずは、ベッドの端に移動し、それからストレッチャーに移ることを解説します。

言葉かけ　これからストレッチャーに移動します。まずベッドの端まで移動して、それからストレッチャーに移りますね。声をかけながら行いますから、協力してください。

②スライディングシートを敷きます。

③利用者に、両手を胸の上で組み、足をそろえるようにお願いします。片まひがある場合は、健側の足を患側の足の下にさし込んで足を組むようにお願いします。

言葉かけ これから身体をこちらに寄せますので、両手を胸の上で組んでください。また、左足（健側）を右足（患側）の下に入れて、足を組んでください。

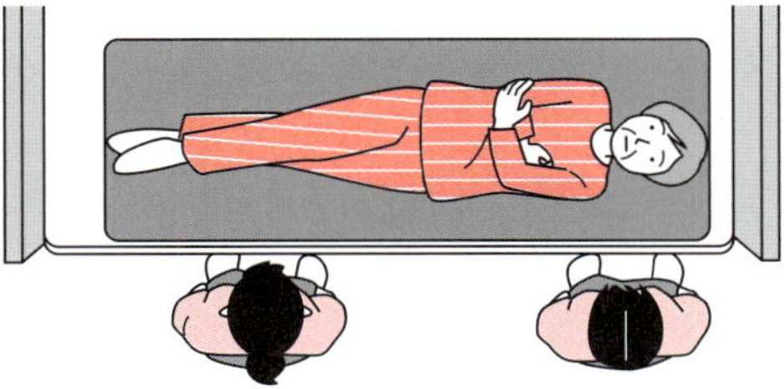

④2人の介護職員はストレッチャー側のベッド柵をはずし、頭側、足側のスライディングシートをしっかりと握り、利用者への言葉かけとともに、スライディングシートごと利用者を

手前に引きます。

言葉かけ　それでは引きますね。イチ、ニイ、サン

⑤利用者が不安定になっていないことを確認し、ベッドサイドにストレッチャーを付け、ストッパーをかけます。

⑥２人の介護職員はストレッチャーの反対側に移動します。

⑦利用者に声をかけ、２人の介護職員が同時にスライディングシートをストレッチャーの手前までひっぱります。

⑧２人の介護職員が同時にスライディングシートを引っ張り、ストレッチャーに移動します。

言葉かけ　今度はストレッチャーに移りますね。それでは引きます。イチ、ニイ、サン

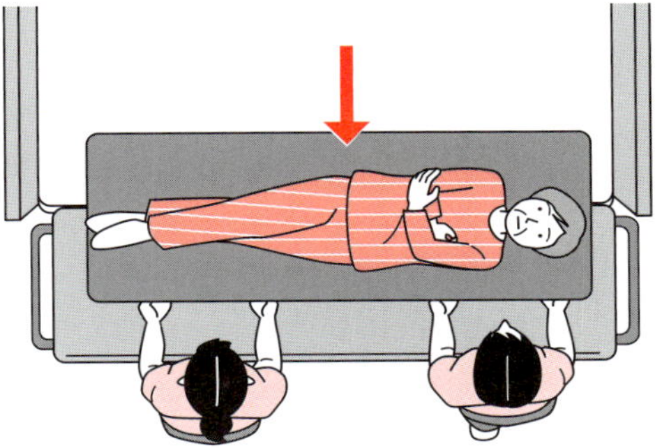

⑨ストレッチャーの柵を上げます。

言葉かけのポイント

利用者が手を組んだり、足を組んだりするのは、摩《ま》擦《さつ》を小さくするためです。また、タイミングごとに声をかけることで利用者は、こころとからだの準備ができて、負担が軽減します。

２人介助での、ベッドから車いすへの移乗

移乗の方法

ベッドから車いすへの移乗は、介護職員が一人で行うことが難しい場合、リフトなどの福祉用具を活用します。しかし事故や災害時など、必要なときのために、２人介助の方法をご紹介しておきます。

日常的に用いるには望ましい方法ではありません。介護職員の息が合わず、どちらかに体重がかかりすぎると、事故につながります。

方法１

①車いすはアームサポートとフットサポートをはずすか折りたたみます。リクライニング機能がある場合は背もたれを倒しておきます。背折れ機能（バックサポートが横ふたつに後

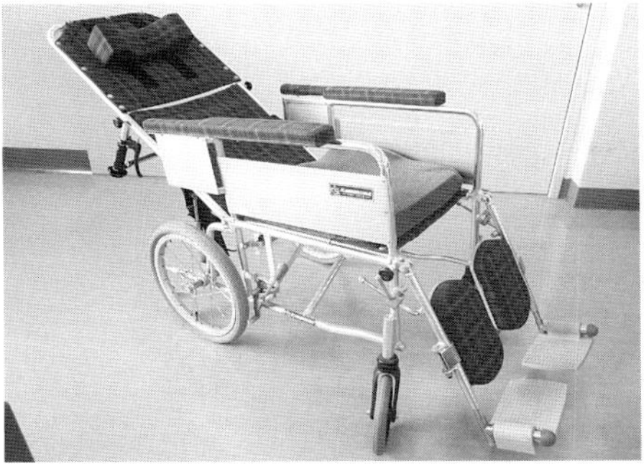

ろに折れる機能）がある場合は折っておきます。

②利用者のからだの下に、大きめのスライディングシート（ない場合はバスタオルとビニール袋）を敷きます。

③ベッドの頭側のなるべく近い位置に、車いすの背中側をベッドの頭側になるよう、駐車用ブレーキをかけて置きます。

④ベッドの高さを車いすの座面よりもやや高くします。

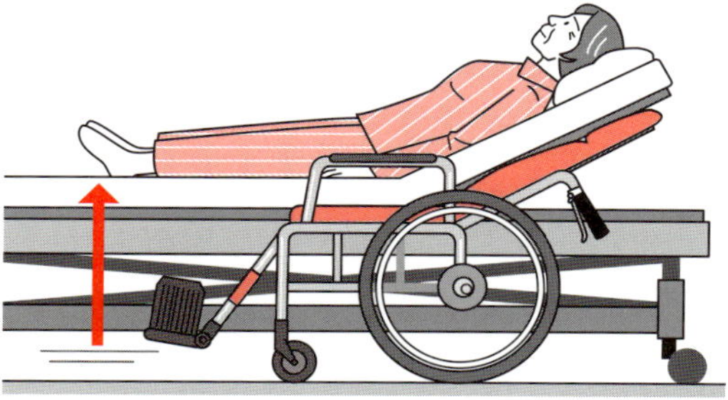

※高い位置から低い位置に移乗する方がスムーズな移動が可能です（介護職員の動きを制限しないよう、ベッドの頭部側のボードは外す）。

⑤ベッドをギャッジアップし、介護職員は頭側と足側に位置します（車いすと同じくらいの角度でギャッジアップ。車いすの角度よりベッドの角度が高すぎると介護職員の負担が大きくなる）。

⑥頭側の介護職員は頭側のスライディングシートの２つの角を、足側の介護職員は足側のス

ライディングシートの2つの角を、手に巻きつけるようにしてしっかりと握ります。

⑦2人の介護職員がタイミングをあわせて、利用者を少しずつ車いすにスライドして（持ち上げない）移乗します。

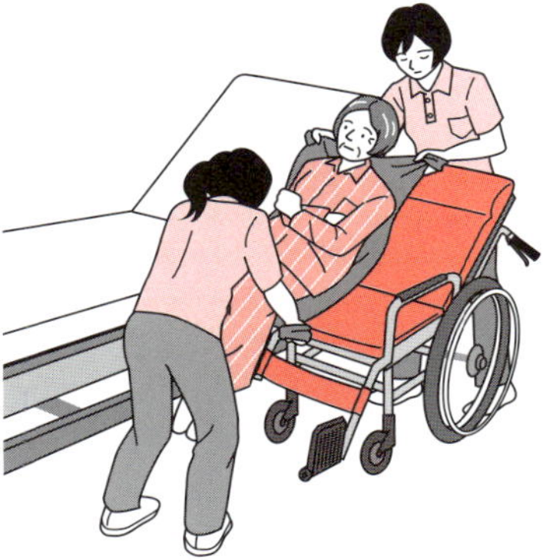

言葉かけ　これからスライディングシートごと車いすに移りますね。辛いところがあったらおっしゃってください。

２人介助での車いすからベッドへの移乗

２人介助での車いすからベッドへの移乗方法

立位のとれる利用者の場合は、一人介助で行うことが基本ですが、立位のとれない利用者では、２人介助が必要な場合もあるので、その一つの例として以下の方法を参考にしてください。

ベッドから車いすへの移乗で大きめのスライディングシート（ない場合はバスタオルとビニール袋）を利用します。

①スライディングシートが上半身から膝下までを覆い、持ち上げても腰が抜けないことを確認します。

②ベッドから車いすへの移乗と同様に、アームサポートとフットサポートをはずすか折りた

たみます。

③背折れ機能（バックサポートが横ふたつに後ろに折れる機能）がある場合は、利用者のからだをしっかり支えてバックサポートを折ります。リクライニング機能がある場合は、利用者に声をかけて背もたれを倒します。

言葉かけ　背もたれを倒しますね。背もたれが動きますが、大丈夫ですので安心してくださいね。

④車いすをベッドの頭側になるべく近づけ、駐車用ブレーキをかけます。

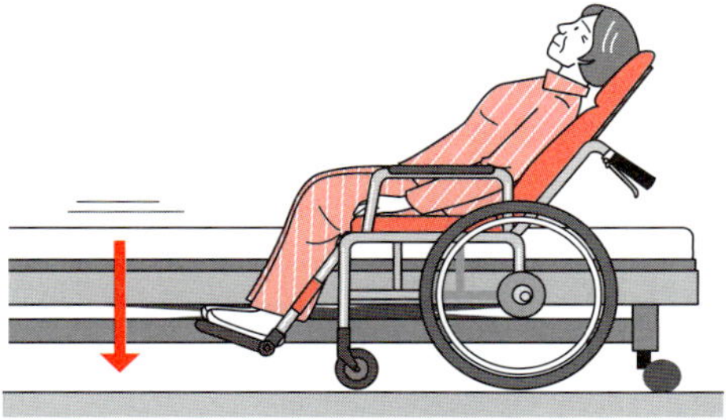

⑤ベッドの高さを車いすの座面よりもやや低くします。ベッドの頭側のボードをはずします。

※高い位置から低い位置に移乗する方がスムーズに移動が可能です。

⑥ベッドの頭側の介護職員は肩のところから出ているスライディングシートの両端を、足側の介護職員は両膝の部分のスライディングシートをつかみます。

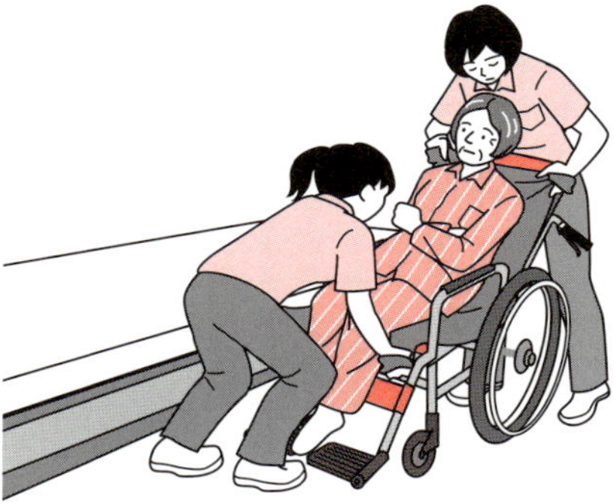

言葉かけ

スライディングシートごとベッドに戻りますね。
辛いところがあったらおっしゃってください。

⑦2人の介護職員がタイミングをあわせて、利用者を少しずつベッドに移乗します。

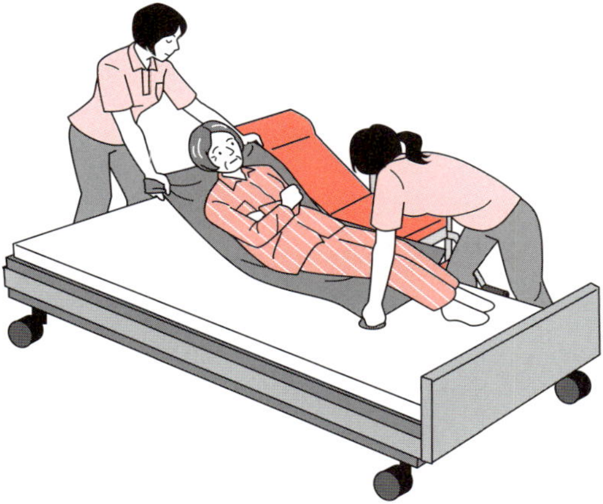

フルリクライニング機能（頭から足元までストレッチャーのように水平になる機能）のある車いすの場合は、フルリクライニングにしてストレッチャーと同様、スライディングシートを使用して移乗する方法もあります。

2人介助での入浴

2人介助での浴槽への入り方

浴室はとても滑りやすいところです。足腰の弱っている利用者の場合、福祉用具を使っても転倒の危険性を完全に排除することはできません。浴槽に十分な広さがある場合、2人での入浴介助をお勧めします。

利用者の自立への支援を視野に入れながら、安全を確保した、2人介助の方法の例として覚えておくとよいでしょう。

ここでは、リフトや特殊浴槽などを使用しない通常の入浴の場合での、浴槽へ入る際の介助方法を概説します。

①シャワーキャリー（入浴シャワー用車いす）を浴槽のバスボードの横に設置し、ブレーキ

をかけます。介護職員A・Bは、利用者の安全に配慮します。

言葉かけ　お湯につかりましょう。シャワーキャリーで移動します。

②利用者がシャワーキャリーに安定して腰かけていることを確認したら、介護職員Aは浴槽内に入ります。

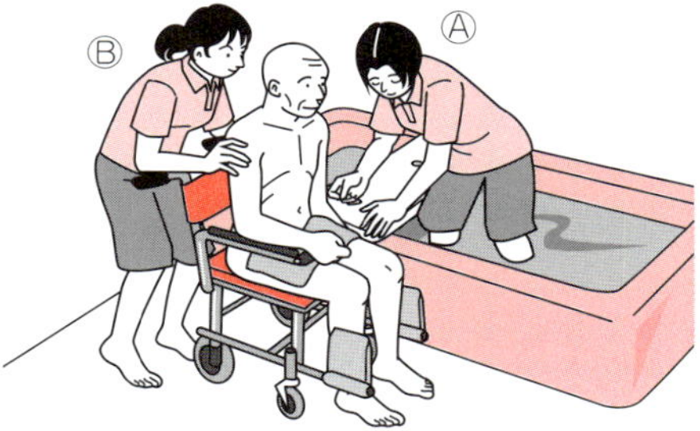

③浴槽側の肘置きを跳ね上げます（色々なタイプがあります）。介護職員A・Bは、利用者が倒れないように、からだを支えます。

言葉かけ　倒れないようにからだを支えますね。

④介護職員Ｂが利用者の背後から、介護職員Ａは浴槽側から利用者を支え、利用者のお尻をバスボードにずらしていきます。介護職員Ａは、利用者の浴槽側の足を浴槽に入れます。

言葉かけ　バスボードに移動しましょう。

⑤声をかけながら介護職員Ａが利用者の腰をずらしていきます。その間、介護職員Ｂは、利用者のからだを支えます。手すりにつかまることのできる利用者の場合は、バスボードの手すりや浴槽の手すりにつかまってもらいます。

言葉かけ　手すりにつかまってください。それではお尻をバスボードの上に移動しますから、イチ、ニイ、サン。

⑥腰がバスボードに移ったことを確認したら、介護職員Ａが残っている足を浴槽に入れます。介護職員Ｂは上半身を支えます。

⑦利用者には、しっかり手すりにつかまっても

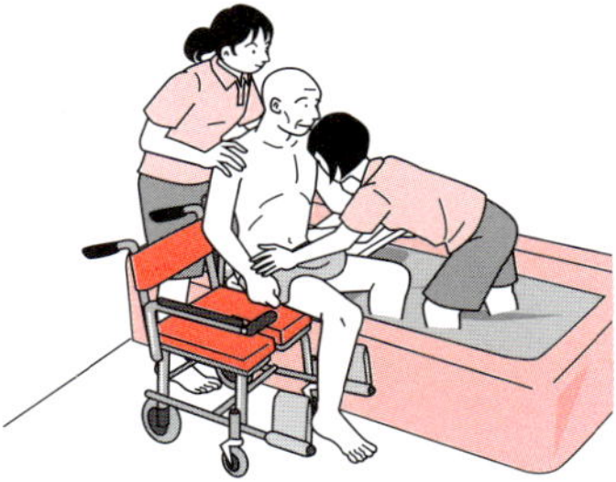

らい、腰を浮かせるようにしてもらいます。その間、介護職員Bは背部から上半身を支え、介護職員Aは利用者の腰を少しずつずらし、バスボードの中央まで支援します。利用者の足が浴槽面に着地したことを確認します。

言葉かけ　お湯につかりましょう。支えていますから、柵につかまって、しっかりご自分で立ち上がってください。

⑧利用者の腰が上がったことを確認したら、必要に応じて介護職員Bがバスボードを外し、介護職員Aが利用者をしっかり支えて、利用者は浴槽に腰を下ろします。

2人でトイレ介助

2人でのトイレ介助法

立位が一人で保持できない利用者のトイレ介助では、下着をおろすときなどに2人介助が必要になることがあります。本来はリフトを使用することなどが理想的ですが、リフトのない場合などは2人で行うことになります。

ここでは一般的な方法を紹介しますので、より負担の少ない方法を工夫してください。

①車いすで利用者をトイレまで移動します。

②介護職員Bは、事前に車いすの配置やドア、トイレの位置を確認し、介護職員Aは、利用者に立ってもらったときに利用者の背中側から介助しやすい位置になるよう、トイレに入ります。

③スペースのあるトイレでは、車いすを便座に向かい合わせるのではなく、可能な限り斜めになるように置きます。

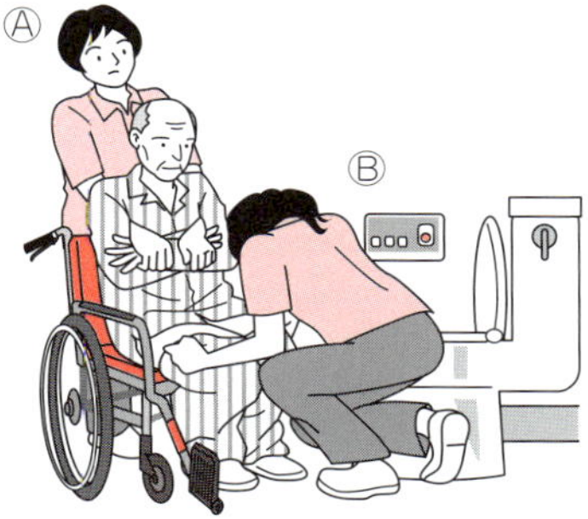

④介護職員A・Bで、利用者のズボンと下着を腰のあたりまでおろしておきます。

言葉かけ　便器に座る準備をしますね。少しだけズボンをおろしておきましょう。

⑤介護職員Bは、前から利用者を支えて立位にします。介護職員Aは、サポートします。

言葉かけ　立ちますね。しっかり支えるので安心してください。

⑥介護職員Bは、利用者に体を預けてもらい、Bが便器側の足を一歩後ろに引くことで、利用者のお尻を便器側に向けます。介護職員Aは、車いすを利用者に危険のない場所に移動させます。

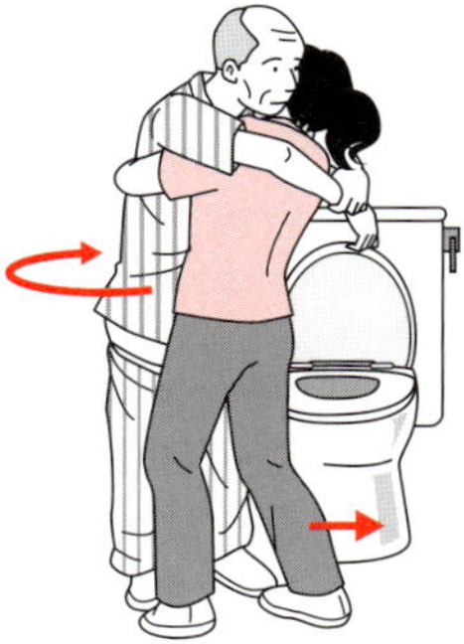

⑦利用者のお尻がトイレ側に向いたことを確認し、介護職員Aが横からズボンと下着をおろします。

言葉かけ　下着をおろしますね。Bがしっかり抱えていますので、安心してください。

⑧介護職員Bはズボンと下着がおりたことを確

認し、利用者をゆっくりと便座に座らせます。介護職員Aは、便座に利用者のお尻が乗るように確認しながら、背中に手を添えて利用者を支えます。

⑨利用者が便座に安定して座ったら、手すりをつかんでもらいます。また、トイレットペーパーをちぎり、手に持ってもらい、介護職員A・Bは、トイレから出てドアを締めます。

言葉かけ　ゆっくりトイレを使ってください。私たちは利用者さんの声の聞こえる所にいますので、終わったらそのままの姿勢で声をかけてください。お部屋まで2人でお連れしますから、声をかけていただければ大丈夫です。

⑩利用者がトイレの中で一人で立ち上がろうとして、転倒につながることもあります。その間、一人はトイレの傍にいて、気配に注意しておく必要があります。便座に肘置きが付いているものや、前方アームレストが設置されているとリスクの軽減につながります。

2人でベッドメイキング

ベッドメイキング

利用者が入浴しているときや、食堂に行っているときなど、利用者が不在の間にベッドメイキングを済ませてしまうことは、利用者に負担をかけることのない方法です。このようなときには2人で効率よくベッドメイキングを行うとよいでしょう。その手順を紹介します。

①窓を開け、換気しながら行います。

②ベッドをベッドメイキングしやすい高さに調節します。

③2人の介護職員はベッドの頭側と足側に位置し、シーツの4角をマットレスの下から引き出します。

④タイミングをあわせて、ベッド上で同側に

シーツを折り返し、埃《ほこり》が立たないようにたたみ、シーツを外します。

⑤マットレスパッドの埃を払い、シーツを中央に合わせて置き、上下左右に順番に広げていきます。

⑥2人一緒に頭側からシーツをマットレスの下に敷き込み、角を作ります。

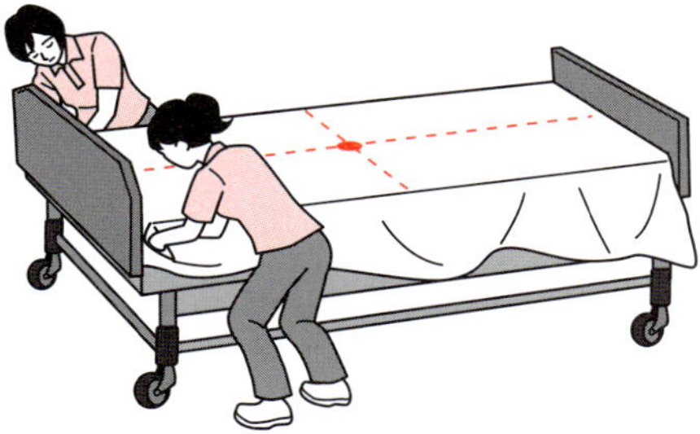

⑦足側も同じようにしわ、たるみをつくらないように角を作ります。

シーツの角のつくり方

ベッドのつくり方は施設と自宅によって異なりますが、基本的には以下の方法が取られます。しかし、ご自宅でボックスシーツを使用する場合などは、適切な方法を工夫しましょう。あくまでも、しっかりとシーツがマットレスの下に入り、しわができにくいようにしておくことが基本です。

- 頭側：頭側の角は、崩れにくいように三角形に折ります。
- 足側：掛けシーツを使用する場合、寝返りをしても足元が窮屈にならないようゆとりを持たせるために四角折りにします。ただし、自宅では掛けシーツはあまり使用しないため、三角折りでもよいでしょう。

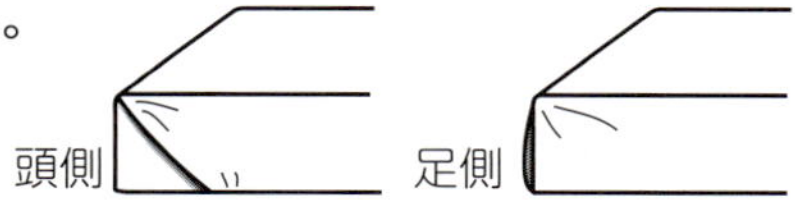

声かけのポイント

両者で声をかけ合いましょう。

両者が声をかけあい、タイミングをあわせて作業を進めることで、時間が短縮し、負担も軽減します。

４人介助での車いすでの階段昇降

車いすでの階段の昇降

震災時の緊急対応や停電のときなどは、エレベータやエスカレータ、リフトなどが使えず、階段を利用して車いすの利用者を移動することもあるでしょう。この場合、体重だけでなく、車いすの重さも加わるため、人員が必要になります。

このような場合の安全な介助方法を紹介します。

方法

①少なくとも３～４人の介助者がいないと、一人当たりにかかる重さが大きくなり、危険ですので、必ず人を呼び、人数を確保します。

②階段を上るときには利用者が正面を向くよう

に、下るときは後ろ向きに下りるように、車いすの向きを整えます。

③後部に位置する人は、それぞれでグリップをしっかりと持ちます。

④前輪側にいる人は、フットサポートに続く部分をにぎります。

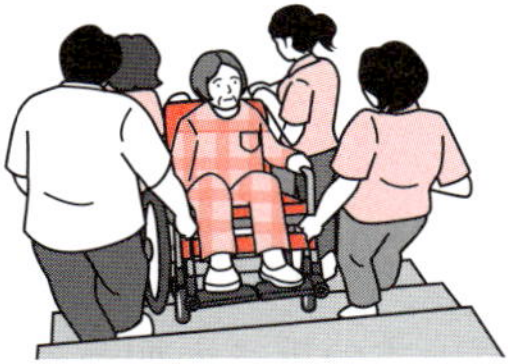

⑤階段を上がるときには、利用者の顔が上を向くよう車いすを背中側に少し倒し、一歩一歩ゆっくりと登ります。

言葉かけ　みんなで持っていますから、大丈夫です。動かないでいてください。

●注意点

車輪やアームレストを持つと、何らかの拍子にバランスが崩れることがあり危険です。

ストレッチャー移送時の注意点と点検

ストレッチャーで利用者を移送する場合、利用者が転落する危険があることを認識しておいてください。

■ストレッチャー移送時の注意点

- ストレッチャーでの移送は、利用者の足側を先頭にして進行するのが基本です。
- 坂道を上るときは、頭側を先頭にして足側からストレッチャーを押して進みます。
- 坂道を下るときは、足側を先頭にしてストレッチャーの頭側を持ち、ゆっくりと進みます。
- 移送時は、胸部と大腿部をベルトで寝具の上から止めます。
- 足元の寝具が垂れ下がらないように、足の下に入れ込みます。

■ストレッチャーの点検

①ブレーキが利くことを確認します。

②サイドレールが引っかかることなくスムーズに動くことを確認します。

③安全ベルトに擦り切れているところがないこと、留め金でしっかりと止められることを確認します。

④キャスター、キャスター切り替えレバー、高さ調整ハンドルの動きに問題のないことを確認します。

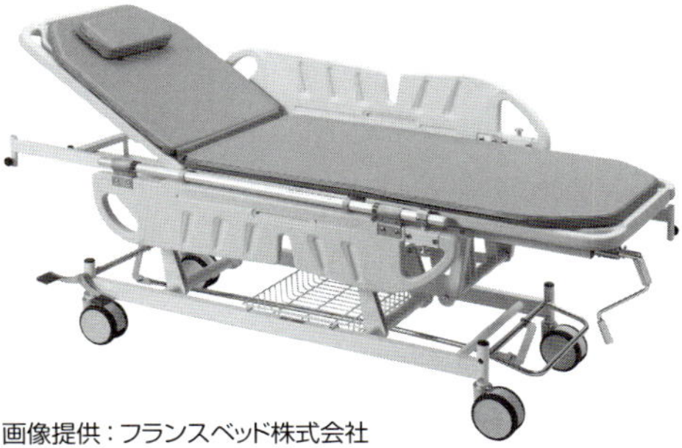

画像提供：フランスベッド株式会社

◆参考文献

- 小池将文、内田富美江、森　繁樹監修『介護職員初任者研修課程テキスト3 こころとからだのしくみと生活支援技術』日本医療企画、2012年
- 小林小百合編『根拠と写真で学ぶ　看護技術』中央法規出版、2011年
- 柴田範子監修『介護のしごとが楽しくなるこころシリーズ5　カラダにやさしい介護のしかた』日本医療企画、2013年

【監修者略歴】

柴田　範子（しばた　のりこ）

元東洋大学ライフデザイン学部准教授、特定非営利活動法人「楽」理事長、全国小規模多機能型居宅介護事業者連絡会理事。
川崎市保育園勤務を経て福祉事務所ヘルパーに。保育士、調理師、介護福祉士、介護支援専門員。介護福祉士国家試験委員、神奈川県社会福祉審議会委員、川崎市高齢者保健福祉計画策定協議会委員。
主な著書に『失敗例から学ぶ　介護職のためのコミュニケーション術』(中央法規出版)、『実務ハンドブック付き！イラストでわかる介護職のためのきちんとした言葉のかけ方・話の聞き方』(成美堂出版)、『介護のしごとが楽しくなるこころシリーズ5　カラダにやさしい介護のしかた』監修(日本医療企画)。

●編集協力／有限会社エイド出版
●表紙デザイン／能登谷　勇
●表紙イラスト／どい　まき
●本文イラスト／佐藤加奈子

介護のしごとが楽しくなるこころシリーズ 6
自立に向けた　いきいき身体介護

2014 年　6 月 16 日　初版第 1 刷発行

監　修　者　柴田範子
企画・制作　株式会社ヘルスケア総合政策研究所 ©
発　行　者　林　　諄
発　行　所　株式会社日本医療企画
〒101-0033
東京都千代田区神田岩本町 4-14 神田平成ビル
TEL.03-3256-2861（代）
http://www.jmp.co.jp/
印　刷　所　大日本印刷株式会社

ISBN978-4-86439-250-1 C3036　Printed in Japan, 2014
（定価は表紙に表示してあります）